Boualem Bacha

Écrire ses pensées; penser ses écrits

Boualem Bacha

Écrire ses pensées; penser ses écrits

La vie en mots

Éditions Muse

Imprint

Cover image: www.ingimage.com

Publisher:
Éditions Muse
is a trademark of
Dodo Books Indian Ocean Ltd. and OmniScriptum S.R.L publishing group

120 High Road, East Finchley, London, N2 9ED, United Kingdom
Str. Armeneasca 28/1, office 1, Chisinau MD-2012, Republic of Moldova, Europe
Printed at: see last page
ISBN: 978-620-4-96484-3

Écrire ses pensées, penser ses écrits

Boualem BACHA

FCB

Écrire ses pensées, penser ses écrits

La vie d'un homme se compte par jour, il n'a pas souvent la chance d'accomplir tout ce qu'il envisage. Ni d'être celui qu'il a envie d'être. Mais avec l'écriture, il a au moins la possibilité de laisser ses idées derrière lui. Qui sait, après sa mort d'autres s'en empareront pour en faire des réalités.

Dans cette optique, je me suis fixé comme objectif de transcrire ce que je pense. Ecrire sur ce qui me range. M'interroger sur la vie, sur ma vie et la vie sur terre. La forme m'importe peu. Ce qui m'anime reste sans doute le fond de ce que j'écris. Je me suis lancé dedans, sans vouloir publier. Je ponds des textes et je laisse de côté. Je partage avec celles et ceux qui veulent bien lire, s'en inspirer ou réaliser d'autres œuvres en se basant sur mes textes.

Tout n'est pas noir ou blanc, le gris prend la majeure partie des faits. Et l'absence de nuance a tué l'esprit humain.

Dessine mes textes, j'écris tes dessins.

J'entends un dessin murmurer à l'oreille de la plume

Es-tu plus nocive aux yeux de l'humain que l'opium ?

Je vois des seins bloqués entre le marteau et l'enclume

Dans une toile que les idiots enfument

Je perçois des femmes au bord de l'abime

Nous devons nous levé ; que la révolution s'allume

Calmez-vous, le voici notre slogan : l'art est sublime

Qui suis-je ?

Je suis un jeune Algérien
Kabyle si ça ne vous fait rien
Je sais que c'est épineux
Je suis jeune et j'ai des choses à dire
Je suis jeune et c'est mon moment d'agir
Je n'attends rien de vous
Je suis jeune et je veux m'épanouir
Je suis jeune et j'ai mes désirs
Je me méfie des bourreaux
Je suis jeune laissez-moi vivre
Je suis jeune je ne suis pas ivre
Je ne veux plus de religion
Je suis jeune j'ai besoin d'un livre
Je suis jeune je lis sur les lèvres
Servez votre discours à vos égaux
Je suis jeune je vous connais par-cœur
Je suis jeune et je commence mon parcours

Restez loin de moi, morveux !

Pour celles et ceux qui croient qu'ils peuvent se refaire une virginité politique je vous dis : « vous êtes finis ! »

Pour celles et ceux qui croient que l'espoir est fini je vous dis : « il n'est jamais trop tard pour bien faire ! ».

Ce n'est pas un combat d'une minorité, c'est l'affaire de tous

Vie ordinaire

La vie des personnes handicapées est une lutte quotidienne

La vie des personnes handicapées est une formation citoyenne

La vie des personnes handicapées est comme la mienne

Une vie de combat et non de fête.

Une vie de marasmes qui se répètent

Ce n'est qu'une vie comme les autres

Simplement une vie

La patrie

Je suis elle,

elle cst moi,

elle est toi,

toi,

lui,

lui et toi,

elle est notre,

Nous sommes sien(ne)s.

L'Algérie aux Algérien(ne)s

Avec leurs unicités,

Leurs différences,

Leurs particularités

Et leurs méfiances,

Notre richesse est dans la différence

Notre faiblesse est dans la défiance.

Le handicap n'est pas contagieux

Je n'ai pas besoin d'assistance, j'ai envie de dignité,

Ne me prenez pas sur votre dos, permettez mon accessibilité

Ne me faites pas manger, boire ou bouger ; je tiens à mon autonomie,

Je ne veux rien d'impossible, juste mon indépendance

Je peux décider pour moi car j'ai la liberté de choix,

Avec un peu plus de moyens, la personne peut sortir de chez soi

Si on facilite l'accès aux études, on va connaitre la loi

Nous devons accepter le respect de la différence,

Mon principe fondamental est la non-discrimination,

Ce qui me fait le plus mal c'est le manque de participation

Mon souci fatal est l'absence de volonté d'intégration,

N'ayez pas peur de permettre l'égalité de chance,

La norme

Nous sommes les personnes handicapés et nous ne demandons rien de plus ni de moins de ce que demande le peuple.

Nous ne sommes pas des personnes normales ?

Dites-moi donc quelle est cette personne normale ?

Normée par qui ?

Quelle serait sa définition ?

Peut-être a-t-elle des critères particuliers que je n'ai pas ?

Nous ne demandons que le droit de vivre digne en tant que citoyen à part entière dans la société, sans subir aucune persécution, aucune isolation ni DISCRIMINATION.

Le droit de vivre, où qu'on se trouve, dans le respect des libertés individuelles et des devoirs de chacun.

Le droit de choisir librement sa vie, ses amours, sa culture, ses croyances ses convictions, dans l'acceptation totale de la liberté d'autrui.

Le droit d'accéder sans entraves au savoir, à la santé, à une vie décente et honorable...

Le droit d'exercer tous ses droits citoyens.

Que cela, commençons plutôt par cela.

C'est tous ce qu'on demande.

Au-delà du handicap

La vie est un tumulte

Au-delà du handicap, il y'a une personne qui respire

Au-delà du handicap, il y'a une âme qui espère

Au-delà du handicap, il y'a une vie à bâtir

La vie est injuste

Au-delà du handicap, il y'a une nécessité du pire

Au-delà du handicap, il y'a des volontés de salir

Au-delà du handicap, il y'a une vie à chérir

La vie est insulte

Au-delà du handicap, il y'a un être qui inspire

Au-delà du handicap, il y'a plein de choses à dire

Au-delà du handicap, il y'a une vie qui chavire

La vie est inculte

Au-delà du handicap, il y'a une montagne à gravir

Au-delà du handicap, il y'a une possibilité d'avenir

Au-delà du handicap, il y'a une vie à défaire

La vie est un culte

Papotage

Ça parle,

Ça parle de,

Ça parle de nous,

Ça parle par tous,

Ça parle pour tout,

Ça parle partout,

On dit que je ne suis même pas mien,

Là où on s'attendait le moins,

Là où on ne s'attendait point,

On dit tout et rien,

Ça parle pour rien,

Mais ça parle,

Ça parle,

Parle,

Râle,

R.a.s,

Ça pue

Le créateur

N'est-il pas plus sage de penser que le résident est le bâtisseur
de la maison ?
Je suis le concepteur de la vie,
Je suis le maitre de moi-même,
Le décideur de mes choix,
J'ai occupé les terres et les cieux,
Je tue les jeunes et les vieux,
Je crée dans le néant
Et dans le creux,
Je rends avide, triste et heureux,
Je pense,
Je dis,
J'agis,
Je suis le divin,
Le tribun et l'humain,
Le vœu
L'heureux
Je suis mon dieu.

Egalité

Un homme Féministe

C'est quoi être féministe ?

C'est quoi être féministe en 2020 ?

Défendre les femmes ?

Comprendre les femmes ?

Soutenir les femmes ?

Devenir une femme ?

Faire savoir aux femmes leurs droits ?

Les sensibiliser ?

Les accompagner dans leurs combats ?

Les inclure dans le débat ?

Les relever de la société du bas ?

Non je ne pense pas

Je ne pense pas que ce soit tout ça

En tous les cas moi non je ne le suis pas

Peut-être parce que je suis un mec

Peut-être que je n'arrive pas à ranger mon bcc

Non, Je ne le suis pas,

Je ne sais même pas qu'est-ce-que ça veut dire,

Ni à quoi ça sert de l'être.

Etre aux côtés de la femme à mon avis pour un homme

C'est simplement assumer son rôle de mec

Ne pas vouloir posséder la femme

Au lieu de faire sortir son bec

Ni lui créer des normes

Ni lui faire visiter la Mecque

La fédération

On parle de chef, tête, président, directeur, et responsable mais on a jamais parlé de déléguer, superviser, orienter, initier ou schématiser

Le président et le pays,

Le directeur et la direction,

Le chef de service et le service,

L'enseignant et l'enseignement

Le père et la famille.

La décentralisation est le combat de tous les conscients,

La solution à toutes nos altercations

Le devoir de tous responsable,

L'espoir de ceux qui en rêvent.

Le choix est clair entre :

Se plier et accepter la soumission

Ou se relever et revendiquer la décentralisation

À mon sens il n'y a pas lieu de comparer entre la liberté et la prison

La fédération est plus consistante que l'union

La société

Je suis né avec votre naissance,

J'appelle à la cohésion,

Je cultive la tolérance,

Je vis à travers vous,

Je meurs dans vos actions.

Je m'épanouis avec la citoyenneté,

Je me retrouve dans la laïcité et

Je vis avec la propreté.

Je ne suis que vos actes,

Je ne suis que votre mémoire,

Je ne suis que votre quotidien,

Je ne suis que le fruit de vos actions,

Je ne suis que votre volonté,

Votre passé,

Votre présent et

Votre avenir et celui de vos enfants.

Je suis la société.

L'HUMAIN

Je ne suis ni homme ni femme, ni fort ni faible, ni irréel ni fable je suis humain

J'ai des seins, tu as des seins ; mes seins et tes seins ne font pas le même dessin

J'ai une bite, tu as un vagin ; je peux user d'un kit tu peux user de tes doigts

J'ai une barbe, tu as une barbe ; je la laisse pousser et tu peux le faire aussi

J'ai des hormones, tu as des hormones ; je les maitrise et toi tu les utilises

J'ai des cheveux, tu as des cheveux ; je les coupe et tu les laisses grandir

Je suis fier, tu es fière ; tu ravales ta fierté mais moi je ne cesse de la brandir

Je suis fort, tu es molle mais j'en connais des fortes et tu en connais sans doute des mous

Je me nomme homme, tu te nommes femme ; qui y a-t-il de différent entre nous ?

C'est un voleur celui qui

Said Mekbel avait écrit ''ce voleur qui...''

C'est un voleur celui qui ...

C'est un voleur celui qui mâche ses mots avant de parler

C'est un voleur celui qui se soucie du bien être des autres avant le sien

C'est un voleur celui qui erre sans cesse en quête de vérités

C'est un voleur celui qui vole au secours des autres

C'est un voleur celui qui se rebelle avec un stylo à la main

C'est un voleur celui qui se sent menacé par les Voleurs qui tuent

C'est un voleur celui qui ne mange pas dans la main des puissants

C'est un voleur celui qui n'a pas vendu son âme au diable

C'est un voleur celui qui ne se laisse pas intimidé par les Voleurs

C'est un voleur celui qui fait face aux Voleurs

C'est un voleur celui qui a écrit ''Ce voleur qui...''

Les voleurs ont menacé celui qui dérange les voleurs qui volent

Les Voleurs ont attrapé celui qui a écrit ''ce voleur qui...''

Les voleurs ont tué celui qui a démasqué les voleurs qui tuent

Le voleur au secours des gens avec sa plume est tué par les voleurs du secours des gens par deux balles dans la tête

Le peuple

Nous ne sommes pas des bêtes aux mangeoires
Qui consomment l'herbe sous leurs pieds
Ni des poissons aux nageoires
Qui nagent à la profondeur de mille pieds
Nous sommes le peuple aux pouvoirs
Nous sommes les atlantes, avides de liberté
Ceux qui ont vécu la décennie noire
Descendants des Amazighs réprimés
Qui vous crachent à la mâchoire
Depuis maintenant des décennies
Qui vous disent dégagez de vos manoirs
Descendants de la grande Atlantide oubliée.
Aujourd'hui, je connais mon histoire.
Une histoire tellement répétée
Elle vivait au pied dc l'abattoir
Je ne vais plus jamais la renier
Je sais d'où me vient le déchoir

Je suis moi et si t’es pas content viens me défier

J’ai appris à faire face aux sournois.

Vivre

Je suis perdu entre vivre et penser la vie
Je me réserve aux moments que je choisis
Aux moments les plus dangereux
Dans les pires jours nuageux
On finit par trouver la sortie
Dans un chemin habité d'inertie
On dit que je suis courageux
Aussi que j'affronte les sujets épineux
Savent-ils que je n'en dors pas la nuit ?
Que je n'ai pas d'amis ?
Vivez votre cours de vie
Et laissez vos rêves au lit
Vous vivrez en paix

La roue tourne

Mais mon dieu! À l'infini nous mimons.

Si infini existera, nous verrons.

Il voit, il apprend, il fait et refait,

Je vois, j'apprends, je fais et je refais,

Tu vois, tu apprends, tu fais et tu refais

Dépassons nos évidences

Mais mon dieu! À l'infini nous mimons.

Si infini existera, nous verrons.

De mon grand-père à mon père

Moi de mon père

De moi à mon frère

C'est ça la cadence

Mais mon fils saura que nous mimons.

Si infini existera, nous verrons.

On parle bien de pair

A ne pas confondre entre les paires

Ici les seins n'ont rien à faire

Cachez vos panses

Mais non ! Nous avons encore le melon.

Si infini existera, nous verrons.

Nous ne cessons de dire que nous sommes égaux,

Laissons un peu de côté notre égo

Parce que face à toi je ne suis pas et face à moi tu n'es rien

Espèce de connasse

Putain ; ça n'en finira pas de mimer, du biberon au tombeau.

Si infini existera, nous verrons.

Sommes-nous la marge de l'histoire?

Le débat

Echanger au quotidien
Des mots stériles
Qui causent des maux futiles
Je n'y comprends rien
Sur des monts subtils,
Nous marchons sur le fil
Bouger en vain
Le mauvais s'installe et le bon file
Nous commençons à deux, on arrivera à mille
Et si on débattait plus sérieusement sur ce qu'est notre société ?

La foule

Les faits masse font l'effet masse,
Coulent l'ancre et créent le coup de l'an creux.
Entre le coude et l'ancre,
Je prends l'ancre et je vous laisse le coude
Par l'effet surprise notre vie prise à l'envers du revers.
Le navire vire vers le verre à moitié vide, et le verre vire vers le vert militaire.

Le temps

Hier était aujourd'hui,
Demain sera aujourd'hui,
Aujourd’hui était demain
Et il sera hier,
Mais le plus important c'est ce qu'on en fait
Autrement ce ne sont que des secondes,
Minute,
Heures et journées

Texter

Je suis en naissance perpétuelle,
Je vis en réel,
Avec une remise en question continuelle,
J'aime la nuancc.
J'ai traversé des tiens,
Je vis en parallèle,
De mes actes on peut faire un panel,
Je n'attends aucune sentence.
Prends ta gamelle,
Regarde les hirondelles,
Elles chantent le caramel
Et vivent la repentance.
Respirer, manger et boire.
Espérer, regarder et voir.
Proposer, s'impliquer et vouloir.
Voilà la brillance.

Agissons

J'ai le sentiment de devoir agir,
Si vous voyez que je vois mal corrigez-moi,
Si vous voyez que je vois bien aidez-moi,
Et si vous ne voyez ni l'un ni l'autre
Dites ce que vous voyez
Comment changer de personnalité quand on n'en a qu'une ?
Si tu as quelque chose en tête fais-le,
Si tu en a pas met toi en tête qu'il est temps d'en avoir

Vivre

Les meilleurs moments sont ceux qui convertissent les années en mois,
Les mois en jours,
Les jours en heures,
Les heures en minutes,
Les minutes en secondes...,
Nous n'avons qu'une vie, profitez en a la moindre occasion, le bonheur ne dure que peu.

Le con en moi

Mieux vaut être avisé pessimiste que con optimiste
Je passe mon temps à me demander comment faire passer le temps plutôt et plus vite que le temps que je devais passer en temps normal, suis-je con ?

L’amour

Maintenant je sais pourquoi les histoires d'amour foirent : pendant que l'un entretient l'amour, l'autre retient l'histoire

L'amour n'est pas seulement un sentiment que l'on ressent vis-à-vis de quelqu'un, il est aussi un certain nombre d'actes, de sacrifices, de combats intérieurs ou extérieurs et de choix, l'amour ça ne se dis pas, ça ne se mange pas, ça ne se raconte pas mais ça se vit

La sérénité est un art, vivre sereinement est du ressort de l'individu qui la veut.

Suis-je ou ai-je ?

La vie se joue entre l'auxiliaire être et avoir
A un certain moment c'est l'HOMME qui définissait la morale, aujourd'hui l'homme est définit par la morale que l'homme avait défini

Qui suis-je ?

il veulent que je sois un enseignant contractuel, j'obéis aux ordre de mes supérieur j'attends le renouvellement de mon contrat annuel, je fais en sorte de mériter ma place au détriment de mes principes, je suis un enseignant, j'cn ai marre de leur contrat, je m'auto-organise avec mes collègues, je m'implique à fond dans notre combat, je marche, je cour, je crie, je me bouge les neurones pour m'avancer, et réorganisé ma société, je suis l'éducateur, je suis le constructeur de générations à venir, j'appelle la société civile, les associations, les responsables et les autorité compétentes a aider pour que je sois reconnu, valorisé, indemnisé et titularisé pour prendre soin de vos frères, fils et amis

Histoire et présent : quel avenir ?

Nous sommes reconnaissants envers les braves femmes et hommes de la révolution, qui ont mené une guerre truffée de sacrifices. Les guerres ont leurs côté sombre, nous en avons connu des vingtaines et nous comprenons les travers qui peuvent y'être enregistrés mais nous sommes tout autant perplexe quand a la tournure qu'a pris notre nation et aux déformations qu'a connue notre histoire.

L'intervention de l'homme sur l'histoire est fatale quand elle n'est pas scientifique, l'émotion et la superficialité sont les ennemis de la science, et cette dernière se nourrit d'une logique infaillible.

La nation est libre mais ;

Nous, journalistes, devons redéfinir la liberté d'expression, créer plus d'espaces d'expression et plus de facilité d'accès à l'information pour atteindre cette liberté nationale et faire avancer notre nation, notre responsabilité est lourde.

Nous, personnes en situation de handicap, avons besoins d'accessibilité, de plus d'autonomie et d'indépendance pour atteindre cette liberté nationale afin de faire avancer notre nation.

Nous, femmes algériennes, devons prendre notre avenir en main pour plus de considérations, plus d'autonomie financière et de droits pour atteindre cette liberté nationale afin de faire avancer notre nation

Nous, enfant de la nation, devons changer le système éducatif, avons besoins de plus d'attentions et de respect pour atteindre cette liberté nationale afin de faire avancer notre nation.

Nous, enseignants, devons prendre plus au sérieux l'avenir de nos élèves, créer plus de moyens pédagogiques, d'être syndiqués et de motivations pour atteindre cette liberté nationale afin de faire avancer notre nation.

Nous, peuple Algérien, devons nous levé comme un seul

HOMME pour dire basta a ce système de gouvernance, arracher plus de liberté individuelles, de pouvoir d'achat, d'espace publique de dignité et de moins de corrompus, d'usurpateurs, de répression et d'indignation pour atteindre cette liberté nationale afin de faire avancer notre nation.

Et moi, auteur de ce texte, j'ai le devoir de partager mes réflexions et pour cela, j'aurai besoins de plus d'espace, de patience et de connaissances pour atteindre le dernier citoyen algérien, qui est dans le besoins depuis l'indépendance, afin de lui rendre hommage pour son sacrifice, son dévouement et sa résistance.

Pour se faire,

Nous avons une histoire grandiose qui nous renseigne.
Une culture ancestrale qui nous anime.
Une science accomplie qui nous guide.
Amoureux de la nation, réveillez-vous !!
Peuple atlante, revient-nous !!
vive l'Algérie plurielle, libre et indépendante.

Je t'aime

Je ne suis pas rien sans toi
Je ne me crée pas de lois
Je vis ce confort
Je t'ai regardé de loin,
Je vis à coté de toi
Viens qu'on fasse un tour
Notre histoire, certes, nous émoi
Entre nous il y'a une grande foi
Arrêtons de nous chercher de poux
Tu n'es pas plus reine que je ne suis roi
Je ne suis pas le prince qui laisse sans voix
Je t'aime tout court

Remerciements:

Je profite cet espace qui m‘est donné pour envoyer mes chaleureux mots de reconnaissance à toutes celles et tous ceux qui ont crus en moi et qui m’ont soutenus dans mes hauts et mes bas, de près ou de loin.

Une reconnaissance particulière à :

Tous mes ami-es

Mon village Ighil Nacer.

La famille théâtrale « LA VALEE »

L'université de Bejaia

Amazday Adelsan Inelmaden

Association SID d'AKBOU

Le média science et culture

L'association culturelle la sumam

SNC déco-tendance

En résumé, c'est au travers de nos actes que viennent nos réflexions, celles-ci mènent vers des idées. Des idées à partager, échangé, transmettre pour pouvoir passer à l'action et vice versa. Je retiens la mixité de tous ces paramètres (action, réflexion, essaie, partage ...) et la diversité des sujets qui nous touchent tous de loin ou de près.

Quand je lis tout ceci, je vois que nous avons des capacités, un pouvoir immense en ce sens où l'écriture est un moyen d'expression, une arme, une défense, un moyen de livrer aux autres une multitude de choses : Emotions, réflexion, réaction, passage à l'action, réveiller les sens, éveiller les êtres à se lever, se relever, pousser notre esprit à réfléchir et ne pas tout gober. Nous sommes citoyen, étudiant, femme, société, en mouvement perpétuel mais nous avons la capacité d'en avoir conscience et donc d'accéder à ce changement pour un mieux et pour chacun. L'union fait la force si on peut l'utiliser en de bons termes, nous arriverons à une belle créativité.

Chaque regard porte une vérité, sa vérité. Il y aurait donc autant de vérités que d'être humain sur terre ? Quoi qu'il en soit chaque vérité donne une panoplie d'horizon et c'est ce qui, je crois, forme notre richesse si elle est mise en corrélation. Le changement est à notre portée, nous somme le changement. Le sens de ces éléments peut, ou pas avoir une importance. Quoi qu'il en soit avec l'esprit critique Boualem BACHA, qui va dans toutes les directions et s'agite en permanence, nous sommes sûr-es d'avoir un éclaircissement sur divers sujets.

Signé : « Stéphanie SCARAVILLI ».

* * *

MIX
Papier aus verantwortungsvollen Quellen
Paper from responsible sources
FSC® C105338

Printed by Books on Demand GmbH, Norderstedt / Germany